Lajos Vilt

SWOT-Analyse für den Einsatz von Open Source Software

Lajos Vilt

SWOT-Analyse für den Einsatz von Open Source Software

GRIN Verlag

Bibliografische Information der Deutschen Nationalbibliothek: Die Deutsche Bibliothek
verzeichnet diese Publikation in der Deutschen Nationalbibliografie; detaillierte bibliografische Daten sind im Internet über http://dnb.d-nb.de/ abrufbar.

1. Auflage 2007
Copyright © 2007 GRIN Verlag
http://www.grin.com/
Druck und Bindung: Books on Demand GmbH, Norderstedt Germany
ISBN 978-3-638-79521-0

Fachhochschule Dortmund

Fachbereich Informatik

Fachhochschule Köln
Campus Gummersbach

Fakultät für Informatik und Ingenieurwesen

Verbundstudiengang Wirtschaftsinformatik

Projektarbeit

„SWOT-Analyse für den Einsatz von Open Source Software
in kleinen und mittelständischen Software-Unternehmen"

Von Lajos Vilt

Zusammenfassung

Die vorliegende Arbeit soll IT-Entscheidern in kleinen und mittelständischen Unternehmen zum einen aufzeigen, dass hinter dem Begriff Open Source Software insbesondere auch für kleinere und mittelständische Unternehmen der Softwarebranche, die Anwendungen auf und ausschließlich für kommerzielle Betriebssystem-Umgebungen entwickeln, mehr Potential steckt, als dies bei einer Reduzierung der Sichtweise auf Linux als freies Betriebssystem, auf bestimmte Serveranwendungen (Datenbank, Web-Content-Management etc.) oder auf das frei verfügbare Open Office als Alternative zu Microsoft Office erscheinen mag.

Die Darlegungen zu Stärken und Schwächen, Chancen und Risiken sollen des weiteren eine Basis liefern, eine frei verfügbare -plattformunabhängige- OSS-Lösung im Hinblick auf den konkreten Einsatzzweck im Unternehmen beurteilen zu können.

Dazu wird neben der Vorstellung der SWOT-Analyse als passendes Werkzeugs auch auf die kritischen Erfolgsfaktoren hingewiesen, die letztendlich den Ausschlag für den erfolgreichen Einsatz freier Software im Unternehmen geben.

Im Ergebnis liegt eine Arbeitsunterlage vor, die verantwortliche Entscheider bei der Meinungsbildung unterstützen soll, indem sie -als Leitfaden gedacht- den Focus auf sämtliche zu beurteilende Aspekte legt.

Inhaltsverzeichnis

Tabellenverzeichnis

Abkürzungsverzeichnis

CIO	Chief Information Officer
FSF	Free Software Foundation
GPL	GNU General Public License
IT	Information Technology
KMU	Kleine und Mittelständische Unternehmen
OSD	Open Source Definition
OSI	Open Source Initiative
OSS	Open Source Software
SWOT	Strengths, Weaknesses, Oppertunities, Threats
TCO	Total Cost of Ownership

1. Einleitung

Bisher hielten sich Firmen beim Thema Open Source eher zurück. Das ändert sich derzeit rasant.
Admins und Chefs sind fasziniert von den neuen Chancen.
[Kohlen 2007, Seite 52]

Das Interesse an quelloffener Software (Open Source Software) wächst in Wirtschaft und Verwaltung stetig und mit steigenden Zuwachsraten. Insbesondere in den im Rahmen dieser Arbeit betrachteten kleinen und mittelständischen Software-Unternehmen kann es somit zu einer Verflechtung mit der Open Source Szene [Wieland 2004, Seite 107] in der Weise kommen, dass nicht nur Entscheidungen hinsichtlich der Verwendung von bereits verfügbaren fertigen Software-Lösungen getroffen werden müssen, sondern darüber hinaus über die Einbindung freier OSS-Bibliotheken in eigene Software-Entwicklungen und auch über die Freigabe eigener Software als Open Source nachgedacht wird.

CIOs und andere IT-Entscheider müssen jedenfalls Konzept und Bedeutung von Open Source Software verinnerlichen, wollen sie nicht riskieren, zukünftig Fehlentscheidungen hinsichtlich der Einsatzmöglichkeiten von OSS zu treffen [Wichmann 2005, Seite 1].

1.1 Aufgabenstellung

Entscheidern in KMU ist es vielfach -vor allem zeitlich- nicht immer möglich, sich vor einer Entscheidung für oder gegen ein Engagement im Bereich Open Source Software umfassend mit allen Aspekten der Thematik auseinander zu setzen, wodurch die Beurteilung entweder aus dem Bauch erfolgt oder durch Dominanz einzelner Mitarbeiter im Unternehmen geprägt ist.

Dem derzeit allerorts verzeichneten Hype nach OSS-Lösungen soll mit dieser Arbeit Rechnung getragen werden, indem die zu berücksichtigenden Aspekte aufgezeigt und hierzu relevante Informationen zur Bewertung einer Open Source Software für den Bereich Desktop-Anwendungen zusammengestellt werden. Des weiteren wird auf die unternehmensspezifischen Voraussetzungen eingegangen, die zum erfolgreichen Einsatz einer Open Source Software aus diesem Anwendungsgebiet beitragen müssen. Dazu wird mit Hilfe des aus der Unternehmensplanung entliehenen Strategie-Instruments der SWOT-Analyse eine Stärken- und Schwächen-Analyse sowie eine Umwelt-Analyse (Ermittlung der Chancen und Risiken) durchgeführt, aus deren Erkenntnisse sich in Verbindung mit den noch zu berücksichtigenden

kritischen Erfolgsfaktoren eine Beurteilung für oder gegen den Einsatz einer speziellen Open Source Software ableiten lässt. CIOs und anderen IT-Entscheidern die Beurteilung zugänglicher zu machen und den Beurteilungsprozess zu standardisieren ist folglich das Hauptanliegen dieser Arbeit.

1.2 Vorgehensweise und Gliederung

Zunächst werden theoretische Grundlagen zu Open Source Software (Kapitel 2.1) sowie zu dem aus dem Bereich der strategischen Unternehmensplanung entliehenen Instrument der SWOT-Analyse (Kapitel 2.2) vorangestellt.

In den Kapiteln des dritten Abschnittes wird detailliert auf die Stärken (Kapitel 3.1) und Schwächen (Kapitel 3.2) von Open Source Software eingegangen. Daran im Anschluss werden die Chancen (Kapitel 3.3) und Risiken (Kapitel 3.4) des Einsatzes von OSS aufgezeigt und der Abschnitt durch eine Zusammenfassung (Kapitel 3.5) abgeschlossen.

Gegenstand des vierten Abschnitts sind die kritischen Erfolgsfaktoren, die den OSS-Einführungsprozesses prägen.

Den Abschluss der Arbeit bildet der fünfte Abschnitt, in dem ein Fazit gezogen (Kapitel 5.1) und ein kurzer Ausblick (Kapitel 5.2) auf weitere Themen im OSS-Umfeld gegeben wird.

2. Grundlagen

In diesem zweiten Abschnitt werden kurz die Grundlagen zu den hinter den Begriffen OSS und SWOT liegenden Konzepten dargelegt.

2.1 Open Source Software

Die Bezeichnungen Open Source Software bzw. Free Software werden vielfach als Synonym für kostenlose Software gehalten [Wichmann 2005, Seite 3]. Die tatsächlich dahinter liegenden komplexen Konzepte zur Erweiterung der Rechte sowie auch einiger Pflichten der Softwarebenutzer müssen daher kurz angesprochen werden.

Der Begriff „Freie Software" bzw. dessen amerikanische Bezeichnung „Free Software" wurde Mitte der 1980er Jahre von Richard Stallman (Begründer der Free Software Foundation, FSF) geprägt. Nach dessen Definition (vgl. [Stallman-1]) lässt sich die Freiheit einer Software in verschiedene Stufen aufteilen, beginnend mit der Freiheit, eine Software unabhängig vom Verwendungszweck benutzen zu dürfen (Stufe 0), die Software untersuchen, verstehen und anpassen zu dürfen (Stufe 1) sowie Kopien verteilen zu dürfen (Stufe 2) bis hin zur Freiheit, die Software zu verändern, zu verbessern und diese zu veröffentlichen, damit dies der Gemeinschaft diene (Stufe 3). Hinter dieser Definition von „free" steckt eine gesellschaftliche, teils auch politische (vgl. [Grassmuck 2004, Seite 232]) Intention im Sinne von umfassenden Freiheiten, sie erstreckt sich keinesfalls nur auf den Preis der Software, wie auf den ersten Blick eventuell suggeriert wird.

Der Terminus Open Source entstand Anfang 1998 als Antwort auf verschiedene Probleme, die sich aufgrund der ideologisch geprägten Definition von Free Software bis dahin ergeben hatten (vgl. [Stallman 2007] zu dessen aktueller Sicht der Dinge). Open Source sollte nun als eine Art Symbol unter ganz pragmatischen Zielsetzungen einen gemeinsamen Nenner bilden für alles, was quelloffene freie Software charakterisiert und mit dem auch und gerade die kommerzielle Software-Industrie noch leben kann [Siekmann 2001, Seite 6].

Beide Initiativen (FSF und OSI) sind am Markt aktiv, und regeln im wesentlichen das gleiche. Der Unterschied zwischen beiden liegt darin, dass die FSF soziale Gründe berücksichtigt, während die Open Source Bewegung mehr Wert auf die praktischen Aspekte legt (vgl. [Gläßer 2004, Seite 22]). In beiden ist der freie Zugang zum Quellcode jedenfalls elementar.

Damit die Freiheit der Software in der beabsichtigten Form garantiert werden kann, stellt der ursprüngliche Entwickler seine Arbeit unter eine „freie Software-Lizenz". Hierzu wird überwiegend (vgl. [Heinze und Keller 2004, Seite 43]) die GNU General Public License (GPL) verwendet, deren hauptsächliches Anliegen im sog. Copyleft liegt. Demnach müssen Modifikationen einer Software, die unter der GPL-Lizenz stand, selbst wiederum dieser Lizenz unterliegen, wodurch freie Software vor Patentierungsbestrebungen und Besitzansprüchen geschützt wird (vgl. [Grassmuck 2004, 284 f]).

Eine allgemein anerkannte Definition von Open Source Software stammt von der Open Source Initiative (OSI). Die Open Source Definition (OSD) baut dabei auf der Definition der freien Software auf, verfolgt aber einen deutlich anderen, kommerzielleren Ansatz (vgl. [Karduck 2004, Seite 8]).

1) Freie - unentgeltliche - Weitergabe der Software

2) Offenlegung und Weitergabe des Quellcodes

3) Zulassungen von Weiterentwicklungen

4) Garantie der Unversehrtheit des originären Quellcodes

5) Keine Einschränkung bei der Weitergabe an Personen und Gruppen

6) Keine Einschränkung für den Einsatz der Anwendung

7) Keine Einschränkung für den Nutzerkreis der Anwendung

8) Keine Einschränkung der Lizenz bei der Art der Paketierung der Software

9) Keine Einschränkung bei der Weitergabe mit anderer Software

10) Neutralität gegenüber Technologien/Standards

Eine vollständige deutsche Übersetzung des englischsprachigen Originals (download über [OSD]) inklusive der Kommentare findet sich bei [Gläßer 2004, S. 22 ff].

In der nachfolgenden Darstellung werden die Begriffe Open Source Software und Freie Software gleichbedeutend behandelt und der weitergehende Begriff Open Source verwendet.

2.2 SWOT-Analyse

Die SWOT-Analyse (engl. Akronym für Strengths, Weaknesses, Opportunities und Threats) ist ein Werkzeug des strategischen Managements, das in diversen abzuleitenden Varianten für die Untersuchung unterschiedlichster Entscheidungssituationen als Ausgangspunkt der strategischen Planung verwendet wird (vgl. [Kütz 2005, Seite 232]).

Im Rahmen einer SWOT-Analyse werden gegenwärtige Stärken (Strengths) und Schwächen (Weaknesses) sowie zukünftige Chancen (Opportunities) und Gefahren (Threats) betrachtet um aus deren Verknüpfung die Informationsgrundlage für die situationsspezifische Ableitung geeigneter strategischer Optionen abzuleiten (vgl. [Simon 2002, S. 214]).

Stärken und Schwächen beziehen sich dabei auf das zu analysierende Objekt selbst (**Inweltanalyse**). Da es sich bei Stärken und Schwächen grundsätzlich um relative Werte handelt kommt die Analyse hier nicht ohne vergleichenden Blick auf die Alternativen bzw. die Konkurrenz aus. Die Beurteilung der Stärken und Schwächen ergibt sich folglich erst aus der Potentialanalyse in Verbindung mit einer Konkurrenzanalyse [Simon 2002, S. 215].

In der externen Analyse wird die Umwelt betrachtet (**Umweltanalyse**). Die Chancen und Gefahren kommen von Außen, sie ergeben sich aus Veränderungen im Markt, in der technologischen, sozialen oder ökologischen Umwelt und sind folglich weitgehend vorgegeben (vgl. [Simon 2002, S. 218 f]).

In seiner Basis-Variante integriert die SWOT-Analyse die Komponenten der internen sowie der externen Analyse in einer Matrix, bei der die beiden Achsen der Inwelt- und Umweltanalyse jeweils durch ein positives (Stärken bzw. Chancen) und ein negatives (Schwächen bzw. Gefahren) Feld gebildet werden. Die Schnittstellen ergeben vier Felder, denen sich unterschiedliche Strategiearten zuordnen lassen [Simon 2002, S. 220]:

- SO-Strategien: Nutzung der Chancen durch Einsatz der Stärken

- ST-Strategien: Ausgleich der Risiken durch die eigenen Stärken

- WO-Strategien: Nutzung von Chancen durch Abbau der Schwächen

- WT-Strategien: Kompensation der Schwächen zur Risikoreduzierung.

Tabelle 2-1: SWOT-Analyse als Basis unterschiedlicher Strategien

		Inwelt-Analyse		
		Stärken (Strengths)	Schwächen (Weaknesses)	
Umwelt-Analyse	Chancen (Opportunities)	SO-Strategien	WO-Strategien	⇒ Aktiv-Strategien
	Risiken (Threats)	ST-Strategien	WT-Strategien	⇒Reaktiv-Strategien
		⇓ Stärken-orientierte Strategien	⇓ Schwächen-orientierte Strategien	

(Quelle [Horváth 2006, S. 217])

Eine besondere Spielart der SWOT-Analyse ist die 4-Felder-Entscheidungs-Matrix (vgl. [Blunder 2003, S. 490]), bei der für eine vorgelegte Entscheidungssituation alle Argumente für und gegen die zu beurteilende Alternative aufgelistet (Stärken und Schwächen) und bewertet werden. Ebenso werden die Chancen und Risiken dokumentiert und entsprechend ihrer geschätzten Eintrittswahrscheinlich und ihrer Bedeutung gewichtet. Anschließend werden die sich jeweils aus Pro- und Contra-Argumenten ergebenen Punktesummen mit den korrespondierenden Summen der Risiko- bzw. Chancen-Wahrscheinlichkeiten multipliziert. Die Entscheidung orientiert sich am höheren Wert der beiden Multiplikationen.

Nachfolgend ein Beispiel (in Anlehnung an [Kütz 2005, S. 263]), welches den Aufbau und ein mögliches Ergebnis verdeutlicht.

Tabelle 2-2: 4-Felder-Entscheidungsmatrix

Entscheidungsmatrix			
Stärken		**Schwächen**	
- Argument A	4,0	- Argument C	3,0
- Argument B	3,0	- Argument D	6,0
Summe	7,0	Summe	9,0
Chancen		**Risiken**	
- Chance 1	0,6	- Risiko 3	0,2
- Chance 2	0,7	- Risiko 4	0,6
Summe	1,3	Summe	0,8
Stärken * Chancen	9,1	**Schwächen * Risiken**	7,2

13

3. SWOT-Analyse des OSS-Einsatzes

Im dritten Abschnitt werden nun die im Zusammenhang mit Open Source Software zu verzeichnenden Stärken und Schwächen sowie Chancen und Risiken zunächst -ganz pragma-
tisch- benannt und erläutert. Dabei wird bewusst keine Gewichtung oder gar Bewertung hinsichtlich einzelner Punkte vorgenommen, denn dies kann und muss jeweils ganz speziell auf
den konkreten Einzelfall bezogen erfolgen. Die Auflistung ist somit als bloße Zusammenstel-
lung relevanter Aspekte zu verstehen, die es pro Entscheidungsprozess abzuarbeiten gilt. Aus-
führliche Darlegungen zu den einzelnen Aspekten enthält der vom „Arbeitskreis bwcon:boss
Public Sector" im Januar 2006 herausgegebene „Open Source Leitfaden Public Sector"
[bwcon 2006].

3.1 Stärken von Open Source Software

Open Source Software würde nicht auf so viel Interesse stoßen, wenn sie gegenüber kommerzieller Software nicht einige Vorzüge aufzuweisen hätte. Diese überwiegend direkt aus der
OSD abzuleitenden Stärken werden nun zusammenfassend dargelegt. Da die Einstufung teilweise nicht immer eindeutig möglich ist, finden sich einige, in der Literatur uneinheitlich
bisweilen auch unter den Stärken subsumierte Aspekte, die nicht in der OSS selbst liegen, in
dieser Arbeit in Kapitel 3.3 bei den Chancen.

Kostenstruktur

Ein entscheidender Vorteil von Open Source Software liegt sicherlich in den niedrigeren Anschaffungskosten, da Lizenzgebühren nicht anfallen (vgl. [Gläßer 2004, Seite 32]). Beim Einsatz von Open Source Software kommt es aber unter Umständen zu einer Kostenverlagerung
von Sachaufwand in Form von Lizenzkosten hin zu Personalkosten, so dass jedenfalls das
Augenmerk auch auf die Total Cost of Ownership (TCO) zu legen ist [Wichmann 2005, Seite
33].

Sicherheit, Qualität und Stabilität

Da bei größeren Projekten eine Vielzahl von Programmierern freiwillig mitarbeiten, werden
Veränderungen am Quellcode laufend von einer großen Gruppe von Experten validiert. Fehler
oder absichtlich eingefügte, schädliche Codes werden dabei nachweislich (vgl. [Ebert und
Ruffin 2004, Seite 31] mit weiteren Nachweisen) sehr rasch entdeckt und beseitigt (sog.
„Peer-review"-Prinzip, vgl. [Wieland 2004, Seite 109]).

Offene Standards – Kompatibilität

Den beteiligten Open Source Programmierern ist es zumeist ein Anliegen, die eigene Open Source Software kompatibel zu möglichst vielen anderen Produkten zu gestalten, anstatt Funktionsweisen und Schnittstellen von Software zu verheimlichen oder proprietäre Schnittstellen zu verwenden [Gläßer 2004, Seite 34]. In der Open Source Szene hat sich die Einhaltung von so genannten offenen Standards[1] etabliert.

3.2 Schwächen von Open Source Software

Natürlich weist Open Source Software gegenüber proprietärer Software auch einige Schwächen auf, die teils durch entsprechende Vertragsgestaltung oder Absicherung vor einem Umstellungsprojekt minimiert werden können, teils aber auch ein nur zu akzeptierendes Charakteristikum von Open Source Software darstellen.

Mangelnde Hardwareunterstützung bei neuer Hardware

Für manche Hardware Hersteller ist die Gemeinde der Open Source Anwender teilweise noch zu klein, sodass sich eine aufwändige Softwareunterstützung nicht rechnet. Des weiteren ist die Open Source Software-Landschaft aufgrund der Modularität fragmentiert, so kann beispielsweise ein Linux-Betriebssystemkern mit vielen verschiedenen Zusatzmodulen und Konfigurationen installiert werden (vgl. [bwcon 2006, Seite 30]).

Keine Herstellergarantie, keine Entwicklungsgarantie

Open Source Software hat in der Regel keinen bestimmten Hersteller, sondern entstammt einer Entwicklergruppe mit möglicher Weise wechselnder Beteiligung. Bei Open Source Software besteht dadurch zwar einerseits nicht die Gefahr einer plötzlichen Einstellung oder Neuorientierung des Produkts, aber eine Entwicklungsgarantie ist ebenso wenig wie die Herstellergarantie keine gegeben. Einzelheiten zur Produkthaftung für Open Source enthält [Laux und Widmer 2007].

Kein (Hersteller-) Support / Service

Ebenso wie bereits zur Herstellergarantie festgestellt kann der Open Source Entwicklergruppe auch der Support nicht rechtlich verbrieft abverlangt werden, was bei unternehmenskritischen Anwendungen zum Problem werden kann. Mit der Verbreitung von OSS und zunehmender Professionalisierung durch Beteiligung kommerzieller Unternehmen haben sich aber vermehrt

---

[1] „offen" ist ein Standard, wenn dessen Definition frei zugänglich ist

auch Dienstleister für Service und Support von Open Source Produkten etabliert. Mit diesen können Wartungsverträge abgeschlossen und nicht vorhandener Herstellersupport kompensiert werden [bwcon 2006, Seite 31].

Problem bei Dokumentation und Leitfäden

Open Source Projekte sind Gruppenprojekte mit verteilten Aufgaben, wobei das Hauptaugenmerk auf die Programmierung und Problemlösung gelegt wird und unter zeitlichem Druck die Dokumentation sowie das nachfolgende Erstellen von Leitfäden -ebenso wie allerdings auch bei kommerziellen Entwicklungesprojekten- zu kurz kommen (vgl. [bwcon 2006, S. 32]).

3.3   Chancen beim Einsatz von Open Source Software

Der Einsatz von OSS bietet eine Reihe von Chancen, die bei einer Entscheidung für oder gegen die Software berücksichtigt werden müssen.

Verfügbarkeit und Analysierbarkeit des Quellcodes

Verfügbarkeit und Analysierbarkeit des Quellcodes bieten einige interessanter Optionen: Im Gegensatz zu proprietärer Software ist man nicht auf die Fehlerbehebungs- und Verbesserungszyklen des Herstellers angewiesen, sondern kann Open Source Software im Idealfall sehr kurzfristig korrigieren bzw. korrigieren lassen (vgl. [Ebert und Ruffin 2004, Seite 30]). Zudem leistet die Quelloffenheit einen nicht unbeachtlichen Beitrag zum allgemeinen Innovationsprinzip, da ein jeder an den im Source Code verfolgten Problemlösungen lernen kann [Wieland 2004, Seite 110].

Erweiterbarkeit von Open Source Software, bedarfsorientierte Funktionalität

Die erwähnte Verfügbarkeit und Analysierbarkeit in Verbindung mit dem häufig anzutreffenden modularen Aufbau Freier Software ermöglichen es den Nutzern, individuelle Erweiterungen zu programmieren.

Beständigkeit und Investitionssicherheit

In Bezug auf Beständigkeit und Investitionssicherheit bietet OSS den großen Vorteil der Herstellerunabhängigkeit [Gläßer 2004, Seite 34]. Auf diese Weise kann der Lebenszyklus einer Software deutlich verlängert werden bzw. ist dieser wesentlich besser planbar, da man nicht dem Innovationszyklus eines Anbieters unterliegt [Wieland 2004, Seite 113].

Kosteneinsparpotential

Neben den bereits oben als eindeutige Stärke von OSS aufgeführten geringen Anschaffungskosten besteht trotz der teilweise zu verzeichnenden Verlagerung der Kosten weg von den Anschaffungs- bzw. Lizenzkosten und hin zu den Personalkosten ein allerdings sehr differenziert zu betrachtendes beträchtliches Einsparpotential. Studien (vgl. [EU 2006, Seite 96 ff]), in denen teilweise die TCO von proprietärer und freier Software verglichen wurden, belegen dies (vgl. [Wieland 2004, Seite 112 f] mit weiteren Nachweisen sowie den FLOSS-Impact-Bericht der EU-Kommission [EU 2006]).

Förderung der lokalen Wirtschaft

Die Verwendung proprietärer Produkte großer Softwareunternehmen führt zu einem zumindest anteiligen Wertschöpfungsabfluss in die Stammhäuser der internationalen Konzerne [bwcon 2006, Seite 33]. Der Einsatz von OSS hingegen ist geeignet, die lokale Wirtschaft zu unterstützen, wenn etwa für IT-Projekte Support-Leistungen von kleineren regionalen Anbietern bezogen werden (vgl.[Schmitz 2007, Seite 15]).

Förderung des Wettbewerbs

Wie Beispiele aus jüngster Vergangenheit belegen[2] reicht bisweilen eine auf den Umstieg zu OSS gerichtete Absichtserklärung aus, um ein Einlenken bei der Preisgestaltung auch größerer kommerzieller Softwareunternehmen zu erwirken (vgl. [Renner u. a. 2005, Seite 171]).

3.4 Risiken des Einsatzes von Open Source Software

Der Einsatz von OSS in Form von Desktop-Anwendungen birgt des weiteren auch einige zu beachtende Risiken.

Mangelnde Reife von OSS

Der Einsatz von OSS-Desktop-Anwendungen ist nicht auf Linux beschränkt, auch wenn sich für diese Plattform die meisten Anwendungen finden. Wegen der großen Spannbreite lässt sich aber die Reife einzelner OSS-Desktop-Anwendungen nicht pauschal beurteilen, Nutzbarkeit und technische Reife der Anwendungen sind sehr uneinheitlich (vgl. [Wichmann 2005, Seite 28] und (vgl. [Renner u. a. 2005, Seite 67]). Zur Einschätzung der Reife einer konkreten OSS-Anwendung kann der im Anhang wiedergegebene Kriterienkatalog herangezogen werden.

---

[2] Stadt München: angekündigter Umstieg auf Linux

Rechtliche Risiken

Eine generelle Bedrohung von freier und Open Source Software ergibt sich aus möglichen Ansprüchen Dritter an der Urheberschaft, wie Beispiele aus der jüngeren Vergangenheit zeigen[3]. Dass eine bestimmte OSS Rechte Dritter verletzt, die dann auf deren Einhaltung bestehen, ist nie ganz auszuschließen (vgl. [Böcker 2007] zu den darauf gerichteten Bemühungen zu einer Reform der GPL). Für den einzelnen Nutzer handelt sich dabei zwar um ein Risiko, aber doch um ein geringes [Wieland 2004, Seite 117]. Insgesamt lässt sich feststellen, dass das Open Source Modell in seinem in der Praxis bereits feststellbaren Erfolg nicht durch Rechtsrisiken gefährdet scheint [Koch 2004, Seite 59]

Umstiegsaufwand und -Kosten

Ein Umstieg auf Open Source Software ist, wie jeder andere auch, natürlich mit erheblichem Aufwand und auch mit Kosten verbunden. Nicht unberücksichtigt bleiben darf auch der schwer quantifizierbare Aufwand im Bereich des bestehenden Personals, z. B. durch umstellungsbedingte Doppelgleisigkeiten von Systemen, durch längere Bearbeitungszeiten aufgrund mangelnder Vertrautheit mit der neuen Software, Aufwand durch anfängliche Fehlfunktionen oder Bedienungsfehler usw.

Umschulungsaufwand

Die meisten Mitarbeiter sind beruflich wie auch privat eher mit Windows-Programmen vertraut, was bei einer Umstellung Lernaufwand bedeutet (vgl. [Renner u. a. 2005, Seite 173]). Da aktuelle OSS für Desktop-Anwendungen aber häufig auf einer grafischen Benutzeroberfläche basieren und von der Bedienung Windows ähnlich sind, ist der tatsächliche Umlernaufwand eigentlich nicht allzu hoch, die Hauptprobleme sind eher in einer mentalen Barriere und der wahrscheinlich skeptischen Erwartungshaltung zu sehen (vgl. [bwcon 2006, Seite 32]).

Akzeptanzbarrieren bei den Mitarbeitern

Der „Faktor Mensch" [Wichmann 2005, S. 68] darf bei einem derartigen Projekt nicht unterschätzt werden, schließlich betrifft eine Open Source Umstellung die höchstpersönliche Arbeitsumgebung und bedeutet eine von außen angestoßene Veränderung der Arbeitsgewohnheiten [bwcon 2006, Seite 37]. Dieses Risiko muss mit einer offensiven Informationspolitik angegangen werden.

---

[3] etwa die Anschuldigung von SCO, Linux enthalte Codebestandteile, die geistiges Eigentum von SCO seien

3.5 Zusammenfassung

Die zuvor aufgeführten positiven wie negativen Aspekte lassen sich in folgender (SWOT-) Matrix-Darstellung zusammenfassen:

Tabelle 3-1: SWOT-Analyse-Matrix für den OSS-Einsatz (Beispiel)

		Chancen	Risiken
Externe Sicht Interne Sicht		1) Verfügbarkeit des Quellcodes 2) Erweiterbarkeit 3) Beständigkeit und Investitionssicherheit 4) Kosteneinsparpotential 5) Förderung der lokalen Wirtschaft 6) Förderung des Wettbewerbs	7) Mangelnde Reife 8) rechtliche Risiken 9) Umstiegsaufwand und –Kosten 10) Akzeptanz bei den Mitarbeitern
Stärken	a. Kostenstruktur b. Sicherheit c. Qualität d. Stabilität e. Offene Standards – Kompatibilität	**SO-Strategien**, z. B: 4) + d. ➜ Admin-Kosten einsparen durch Nutzung der Stabilität der OS-Anwendungssoftware	**ST-Strategien**, z. B: 9) + a. ➜ eingesparte Anschaffungskosten in den Umstieg investieren
Schwächen	f. Mangelnde Hardware-Unterstützung g. keine Herstellergarantie h. keine Entwicklungsgarantie i. kein Hersteller-Support j. Problem bei Doku und Leitfäden	**WO-Strategien**, z. B: 5) + j. ➜ Erstellung von Dokus extern beauftragen	**WT-Strategien**, z. B: 7) + h. ➜ evtl. KO-Kriterium: Entscheidung gegen die OSS-Lösung

Anzumerken bleibt, dass nicht zu jeder Einzelfallentscheidung allen genannten Aspekten eine Bedeutung zukommen muss. Es kann durchaus OSS geben, die hervorragend dokumentiert ist oder auch direkt und kommerziell von der Entwickler-Gruppe supported wird[4].

Die Matrix dient nachfolgend als Arbeitsgrundlage zur Strategie-Bildung. Die vier hervorgehobenen Schnittstellen-Felder sollen dazu später entsprechend der noch zu entwickelnden Unternehmens-Philosophie gefüllt werden. In der obigen Darstellung wurde dies mit einfach gehaltenen Beispielen lediglich zur Veranschaulichung vorweggenommen.

---

[4] vgl. etwa das OpenTicketRequestSystem; http://www.otrs.de/de/ (08.04.2007)

4. Kritische Erfolgfaktoren

Die EDV-Unterstützung hat in einem Unternehmen der Software-Branche ohne Zweifel den höchsten denkbaren Stellenwert, ohne entsprechende ITSysteme ist ein geregelter Geschäftsbetrieb undenkbar. Da alle Veränderungen oder Umstellungen das Risiko von Fehlfunktionen, Stillständen oder Ausfällen in sich bergen, muss eine Umstellung auf Open Source Software – und sei es nur in kleinen, abgegrenzten Teilbereichen – besonders professionell geplant und durchgeführt werden.

Die Einführung von Open Source Software ist zunächst ein IT-Projekt wie viele andere und folglich sind auch Erfolgsfaktoren wie detaillierte Planung, Durchführung von Piloten oder Einbeziehung der Nutzer für OSS-Projekte genauso wichtig wie für andere IT-Projekte. Es gibt allerdings einige Faktoren, die bei der Planung eines Open Source Software-Umstiegs oder Einsatzes zusätzlich besonders berücksichtigt werden müssen (vgl. [Wichmann 2005, Seite 59]). Diese werden nachfolgend benannt.

Motivation für OSS
Im Rahmen der Anforderungsanalyse sollte die Motivation für Open Source Software herausgestellt werden. Diese kann vielseitig sein, die Bandbreite reicht von politisch-strategischen Faktoren über technische, ökonomische oder qualitative Überlegungen bis hin zum Mangel an Alternativen.

Zeitpunkt für den Umstieg
Ein kritischer Erfolgsfaktor ist sicherlich auch der richtige Zeitpunkt eines Umstiegs. Dieser wird zwar erst nach Abschluss der Anforderungsanalyse und einer Erhebung der umzustellenden Hard- und Software festzustellen sein, als Vorab-Indikatoren sind aber auszumachen

1) Auslaufen der Lizenzen bei größeren Softwarepaketen bzw. bei höheren Stückzahlen,
2) Preiserhöhungen für Lizenzen proprietärer Software,
3) Ablösebedarf im Bereich der Hardware,
4) neue bisher nicht verwendete Software wird benötigt,
5) für benötigte Software gibt es keine kommerziellen Produkte.

Zeitrahmen für einen Umstieg
Der Zeitrahmen für einen Umstieg sollte -abhängig vom Umfang des Projekts- generell möglichst knapp gehalten und die Umstellung rasch vollzogen werden. Hauptargumente dafür

sind die außerordentlichen Belastungen der IT-Abteilung während eines derartigen Projekts, die Gefahr, dass sich das Projekt über einen längeren Zeitraum hinweg totläuft, und eine unnötige emotionale Mehrbelastung der Mitarbeiter, für die eine Open Source Software-Umstellung möglicherweise einen Eingriff in ihr persönliches Arbeitsumfeld bedeutet.

Projektmanagement

Vor allem bei Veränderungen im Client-Bereich wird Open-Source-Projekten eine hohe Aufmerksamkeit zuteil, eine entsprechende Unterstützung durch die Unternehmensführung wird somit unerlässlich. Damit verbunden ist die Verpflichtung des Projektleiters, diese laufend über den aktuellen Stand, über allfällige kritische Phasen oder Probleme zu informieren.

Externe Beratung

Externe Beratung verursacht zwar bereits in der Planungsphase Umstiegs-Kosten, sollte dafür aber eine objektive und erfahrene Betrachtung des Projekts, eine qualifizierte Projektplanung und eine weitgehend reibungslose Abwicklung garantieren. Vor allem der externe, unbelastete Fokus auf die Anforderungen und Probleme, das Einbringen spezifischen Know-hows und die Möglichkeit, vielleicht manchmal auch unangenehme Veränderungen von außen gesteuert einzuführen und auch die Verantwortung dafür zu übernehmen, sind wichtige Erfolgsfaktoren (vgl. [Wichmann 2005, S. 63]).

Ganzheitliche Kostenbetrachtung

Eine Wirtschaftlichkeitsberechnung auf Basis der TCO darf insbesondere dann bei einem Open Source Software-Projekt nicht fehlen, wenn die niedrigeren (Anschaffungs-) Kosten eines der Hauptargumente für einen Umstieg darstellt. Eine im Vergleich zu proprietärer Software höhere Wirtschaftlichkeit der OSS hängt sehr stark vom jeweiligen Einsatzgebiet ab und ist insbesondere dann gegeben, wenn wenig zusätzlicher Schulungsaufwand anfällt (vgl. [Vetter u. a. 2007, Seite 206]).

Professioneller Support

Bereits im Vorfeld der Umstellung sollten geeignete technische Partner gefunden werden, die das Projekt auch von Anfang an begleiten. Nur so kann sichergestellt werden, dass die neu geschaffene oder in Teilbereichen ausgetauschte Systemlandschaft dem Partner im Detail bekannt ist und eine effiziente und effektive Betreuung möglich ist.

Dokumentation

Eine umfassende Dokumentation ist in vielerlei Hinsicht ein kritischer Erfolgsfaktor. Wird Software auf Open-Source-Basis neu erstellt, so ist eine Dokumentation des Quellcodes unerlässlich, damit sich andere Programmierer zurechtfinden. Mit einer guten Quellcode-

Dokumentation wird zudem ein Wechsel des technischen Partners einfacher.

Auch die Dokumentation des Funktionsumfangs und der Anwendung von Open Source Software ist sehr wichtig, da es bei Open Source Software keine „vom Hersteller autorisierten" Handbücher, Leitfäden usw. gibt.

Mitarbeiter

Der wahrscheinlich kritischste Erfolgsfaktor sind die Mitarbeiter. In dem Moment, in dem es zu Veränderungen auf den Arbeitsplatz-PCs von Mitarbeitern kommt, werden auch Widerstände und Gegenargumente nicht lange auf sich warten lassen. Eine entsprechende Einbindung der Mitarbeiter ist daher oberste Regel bei derartigen Projekten (vgl. [Wichmann 2005, Seite 68]).

22

5. Abschluss

In diesem abschließenden Abschnitt wird zu den Resultaten der Arbeit ein Fazit gezogen, in dem die wichtigsten Erkenntnisse zusammen getragen und in Form einer 4-Felder-Entscheidungsmatrix dargestellt werden. Damit wird das den Entscheidungsprozess begleitende Arbeitspapier vervollständigt. Anschließend wird ein Ausblick auf weitere interessante Aspekte im Zusammenhang mit Open Source gegeben.

5.1 Fazit

Der Einsatz von OSS beruht grundsätzlich auf einer Abwägung von Vor- und Nachteilen, wobei einzelne Aspekte im konkreten Einzelfall jeweils unterschiedlich zu bewerten sein können. Die Entscheidung gegen den Einsatz einer bestimmten Open Source Software muss demzufolge nicht ein grundsätzliches Votum ausschließlich für die Verwendung proprietärer Software darstellen. Jedenfalls muss das in OSS steckende Potential, will das Unternehmen mit seiner Strategie am Markt bestehen, auf fundierter Basis und jeweils individuell beurteilt werden. Dazu können die herausgearbeiteten Stärken, Schwächen, Chancen und Risiken auf Basis der aufgezeigten Erfolgsfaktoren einzelfallbezogen beurteilt bzw. gewichtet und in die folgende Entscheidungsmatrix übernommen werden.

Tabelle 5-1: 4-Felder-Entscheidungsmatrix für OSS (Formular)

Entscheidungsmatrix			
Stärken	**Wert**	**Schwächen**	**Wert**
a. Kostenstruktur		f. Mangelnde Hardware-	
b. Sicherheit		Unterstützung	
c. Qualität		g. keine Herstellergarantie	
d. Stabilität		h. keine Entwicklungsgarantie	
e. Offene Standards – Kompatibili-tät		i. kein Hersteller-Support	
		j. Problem bei Doku und Leitfäden	
Summe		Summe	
Chancen	**Wert**	**Risiken**	**Wert**
1) Verfügbarkeit des Quellcodes		7) Mangelnde Reife	
2) Erweiterbarkeit		8) rechtliche Risiken	
3) Beständigkeit und Investitionssi-cherheit		9) Umstiegsaufwand und –Kosten	
4) Kosteneinsparpotential		10) Akzeptanz bei den Mitarbeitern	
5) Förderung der lokalen Wirtschaft			
6) Förderung des Wettbewerbs			
Summe		Summe	
Stärken * Chancen		**Schwächen * Risiken**	

23

Für den betrachteten Themenbereich kann festgehalten werden, dass OSS auch in der Wirtschaft im Vormarsch begriffen ist und eine Entscheidung für oder gegen ein Engagement in diesem Bereich nicht allein an offensichtlichen Kosten festgemacht werden kann. Um nicht im Vergleich zu den direkten Konkurrenten am Markt ins hintertreffen zu gelangen, müssen alle sich bietenden Chancen genutzt werden. Die Beurteilung einer OSS als tatsächliche Chance ist aber –ebenso wie ein gegenteiliges Ergebnis- mit einigem Aufwand verbunden. Die Folgen einer voreilig oder aus dem Bauch heraus getroffenen Entscheidung für den Einsatz einer OSS-Lösung kann sich aber ebenso als unwirtschaftlich herausstellen wie die weitere Verwendung proprietärer Software.

5.2 Ausblick

Im Rahmen dieser Arbeit wurde OSS unter den für kleinere und mittelständische Software-Unternehmen relevanten Gesichtsichtspunkten betrachtet. Dabei wurde zum einen darauf abgestellt, dass das Unternehmen ausschließlich Software für Windows-Plattformen erstellt und zum anderen ging es in erster Linie um Desktop-Anwendungen. Nicht berücksichtigt wurden Server-Anwendungen, da deren Bedeutung mittlerweile unzweifelhaft ist.

Interessante Potentiale von OSS liegen in der Verwendung bzw. Einbindung von freien Bibliotheken in die eigene Entwicklung oder gar die Erstellung und Verbreitung eigener Open Source Software als neues Geschäftsfeld.

Risiken bei der Entwicklung von OSS werden beispielsweise von [Ebert und Ruffin 2004] oder auch von [Gläßer 2004, S. 47] aufgezeigt, der daneben auch einige neue Geschäftsmodelle im Zusammenhang mit OSS beschreibt [Gläßer 2004, S. 50 ff].

Abschließen möchte ich diese Arbeit mit einem Hinweis auf eines der Hauptthemen des diesjährigen Open Source Jahrbuchs. Unter der Überschrift „Open Source inspiriert" werden u. a. in den Beiträgen

- Open Source bildet [Varadinova und Henning 2007]
- Einsatz von Open-Source-Software zur Vermittlung von IT-Schlüsselqualifikationen [Dörge 2007]
- Pädagogische und gesellschaftliche Potentiale freier Software [Reckmann 2007]

die verschiedensten Facetten immaterieller Potentiale von OSS besprochen.

24

Literaturverzeichnis

[Blunder 2003]
Robert Blunder: *Die Vierfelder-Entscheidungsmatrix*
in: *Controller Magazin*, 5/2003, Seite 490

[Böcker 2007]
Lina Böcker: *Die GPLv3 – ein Schutzschild gegen das Damoklesschwert der Software-patente?*
in: Bernd Lutterbeck u.a. (Hrsg.): *Open Source Jahrbuch 2007*
Seiten 511 – 522; Berlin: Lehmanns Media – LOB.de 2007
http://www.opensourcejahrbuch.de/download (04.04.2007)

[bwcon 2006]
Arbeitskreis bwcon:boss Public Sector: *Open Source Leitfaden Public Sector*
http://sig.bwcon.de/sig_open_source.html (Stand 03.04.2007)

[Dörge 2007]
Christina Dörge: *Einsatz von Open-Source-Software zur Vermittlung von IT-Schlüsselqualifikationen*
in: Bernd Lutterbeck u.a. (Hrsg.): *Open Source Jahrbuch 2007*
Seiten 343 – 350; Berlin: Lehmanns Media – LOB.de 2007
http://www.opensourcejahrbuch.de/download (04.04.2007)

[Ebert und Ruffin 2004]
Christof Ebert und Michael Ruffin: *Produkte entwickeln mit Open-Source-Software – Risiken und Erfahrungen*
in: Heinz Sauerburger (Hrsg.): *Praxis der Wirtschaftsinformatik*
Band HMD 238: *Open-Source-Software*, Seiten 27 - 40
Heidelberg: dpunkt.verlag August 2004

[EU 2006]
Study on the: Economic impact of open source software on innovation and the competitiveness of the Information and Communication Technologies (ICT) sector in the EU
http://www.ec.europa.eu/enterprise/ict/policy/doc/2006-11-20-flossimpact.pdf
(07.04.2007)

[Gläßer 2004]
Lothar Gläßer: *Open Source Software*;
Erlangen: Publicis Corporate Publishing 2004

[Grassmuck 2004]
Volker Grassmuck: *Freie Software – Zwischen Privat- und Gemeineigentum*; 2. korrigierte Auflage
Bonn: Bundeszentrale für politische Bildung (bpb) 2004
http://freie-software.bpb.de/Grassmuck.pdf (09.04.2007)

[Heinze und Keller 2004]
Daniel Heinze und Alexander Keller: *Der Preis der Freiheit – Was Softwareentwickler über Open-Source-Lizenzen wissen sollten*
in: Heinz Sauerburger (Hrsg.): *Praxis der Wirtschaftsinformatik*
Band HMD 238: *Open-Source-Software*, Seiten 41 - 48
Heidelberg: dpunkt.verlag August 2004

[Horváth 2006]
Horváth & Partners: *Das Controllingkonzept*; 6. Auflage
München: Deutscher Taschenbuch Verlag 2006

[Karduck 2004] ➜ HMG 238
Achim P. Karduck: *Free and Open Source Software: Einfluss auf ICT-Entwicklungsstrategien*
in: Heinz Sauerburger (Hrsg.): *Praxis der Wirtschaftsinformatik*
Band HMD 238: *Open-Source-Software*, Seiten 5 - 18
Heidelberg: dpunkt.verlag August 2004

[Koch 2004]
Frank A. Koch: *Rechtsrisiko Open Source Software?*
in: *Informatik-Spektrum*
Volume 27, Number 1 (Februar 2004), Seiten 55 - 60

[Kohlen 2007]
Manfred Kohlen: *Open Source erobert die Business-Welt*
in: *PC Professionell* 4/2007, Seiten 52 - 53

[Kütz 2005]
Martin Kütz: *IT-Controlling für die Praxis*;
Heidelberg: dpunkt.verlag 2005

[Laux und Widmer 2007]
Christian Laux und Jan Widmer: *Produkthaftung für Open-Source-Software?*
in: Bernd Lutterbeck u.a. (Hrsg.): *Open Source Jahrbuch 2007*
Seiten 495 – 510; Berlin: Lehmanns Media – LOB.de 2007
http://www.opensourcejahrbuch.de/download (04.04.2007)

[OSD]
Open Source Initiative: *Open Source Definition (Annotated)*
http://www.opensource.org/docs/definition.php (07.04.2007)

[Reckmann 2007]
Herbert Reckmann: *Pädagogische und gesellschaftliche Potentiale freier Software*
in: Bernd Lutterbeck u.a. (Hrsg.): *Open Source Jahrbuch 2007*
Seiten 351 – 364; Berlin: Lehmanns Media – LOB.de 2007
http://www.opensourcejahrbuch.de/download (04.04.2007)

[Renner u. a. 2005]
Thomas Renner u. a.: *Open Source Software: Einsatzpotentiale und Wirtschaftlichkeit*
Stuttgart: Fraunhofer IRB Verlag 2005
http://www.e-business.iao.fraunhofer.de/docs/fhg_oss-studie.pdf (07.04.2007)

[Schmitz 2007]
Ludger Schmidt: *Open Source statt nur Linux*
in: *Linux Pro* 4/2007, Seiten 14 - 15

[Siekmann 2001]
Jens Siekmann: *Bravehack –Technische, wirtschaftliche und gesellschaftliche Aspekte von freier Software und Open Source; ihr Wesen, ihre Geschichte, ihre Organisationen und Projekte*
Version 1.0, Bonn März 2001
http://www.bravehack.de/bravehack.pdf (09.04.2007)

26

[Simon 2002]
Herman Simon; Andreas von der Gathen: *Das große Handbuch der Strategieinstrumente*
Frankfurt/Main: Campus Verlag 2002

[Stallman-1]
Richard M. Stallman: *What is Free Software?*
http://www.gnu.org/philosophy/free-sw.html (07.04.2007)

[Stallman 2007]
Richard M Stallman: *Warum „Open Source" das wesentliche von „Freier Software" verdeckt*
aus dem Englischen übersetzt von Robert A. Gehring
in: Bernd Lutterbeck u.a. (Hrsg.): *Open Source Jahrbuch 2007*
Seiten 1 – 7; Berlin: Lehmanns Media – LOB.de 2007
http://www.opensourcejahrbuch.de/download (04.04.2007)

[Varadinova und Henning 2007]
Silvia Varadinova und Hans Henning: *Open Source bildet*
in: Bernd Lutterbeck u.a. (Hrsg.): *Open Source Jahrbuch 2007*
Seiten 341 – 342; Berlin: Lehmanns Media – LOB.de 2007
http://www.opensourcejahrbuch.de/download (04.04.2007)

[Vetter u. a. 2007]
Michael Vetter u. a.: *Open-Source-Software – Einsatzstrategien, Reifegrad und Wirtschaftlichkeit*
in: Bernd Lutterbeck u.a. (Hrsg.): *Open Source Jahrbuch 2007*
Seiten 195 – 207; Berlin: Lehmanns Media – LOB.de 2007
http://www.opensourcejahrbuch.de/download (04.04.2007)

[Wichmann 2005]
Thorsten Wichmann: *Linux- und Open-Source-Strategien*
Berlin, Heidelberg: Springer Verlag 2005

[Wieland 2004]
Thomas Wieland: *Stärken und Schwächen freier und Open-Source-Software in Unternehmen*
in: Robert A. Gehring und Bernd Lutterbeck (Hrsg.): *Open Source Jahrbuch 2004*, Seiten 107 - 119
Berlin: Lehmanns Media – LOB.de 2004

Anhang

A. Glossar

Copyleft
Von Richard Stallman erfundener Begriff zur Kennzeichnung von Software, die Bestimmungen unterliegt, die dem eigentlichen Copyright zuwiderstehen: Aufhebung des Schutzes geistigen Eigentums, ausdrückliche Erlaubnis zur uneingeschränkten Nutzung, Vervielfältigung, Modifikation und Distribution.

FSF - Free Software Foundation
Die Free Software Foundation ist die 1985 von Richard Stallman gegründete gemeinnützige Stiftung, die die Distribution von Emacs und anderer GNU-Software übernahm. Erlöse und Spenden verwendet die Free Software Foundation, um Entwickler dafür zu bezahlen, dass sie bestimmte, für eine vollständige Betriebssystemumgebung notwendige Programme schreiben. 1989 legte die Free Software Foundation mit der GPL die wichtigste Lizenz für freie Software vor. Um besser regional handeln zu können, gründeten sich 2001 die Free Software Foundation Europe sowie die Free Software Foundation India.

GNU - CNU's Not Unix:
GNU's Not Unix ist der Name des von Richard Stallman in den Jahren 1983/84 gestarteten Projektes, mit dem Ziel der Schaffung einer freien, vollständig UNIX-artigen Betriebssystemumgebung.

CPL- GNU General Public License
GNU General Public License ist die von der FSF zum Ende der 1980er Jahre publizierte Lizenz für die Software des GNU-Projektes. Heute ist GNU General Public License die für freie Software am meisten angewandte Lizenz (http://www.gnu.org/copyleft/gpl.html).

Open Source Software
Open Source Software ist die Software, die den Kriterien der Open Source Initiative - einer im Jahre 1998 erfolgten Marketingkampagne für freie Software - entspricht. Ziel der Initiative war es, eine schnelle Akzeptanz freier Software durch Unternehmer und Kapitalgeber zu erreichen. Dabei wurde bewusst auf langfristige Überlegungen bezüglich philosophischer, ethischer und gesellschaftlicher Aspekte verzichtet und man hat sich nur auf technische Dinge konzentriert.

B. Kriterien zur Bewertung von OS-Projekten

Die nachfolgende Aufzählung wurde -gekürzt- aus „Thorsten Wichmann: *Linux- und Open-Source-Strategien*; Seite 25 f; Berlin, Heidelberg: Springer Verlag 2005" übernommen.

1) Men Power: Die Zahl und – noch wichtiger – die Qualität der Mitwirkenden sollte in einem sinnvollen Verhältnis zur Komplexität der Software stehen. Wichtig ist die aktive Beteiligung am Projekt.

2) *Straffe Projektleitung*: Eine straffe und langfristig stabile Projektleitung zeichnet viele erfolgreiche OSS-Projekte aus. Eine ständig wechselnde Projektleitung ist dagegen ein Indikator für eine inkonsistente Strategie. Dadurch steigt das Risiko, dass einzelne Funktionen herausfallen, keine Unterstützung mehr geleistet wird oder das Projekt irgendwann ganz zum Erliegen kommt.

3) *Alter des Projektes*: Je länger die Software im Einsatz ist und weiterentwickelt wurde, desto wahrscheinlicher sind die größten Fehler bereits ausgeräumt und die ersten Praxisprüfungen bestanden.

4) *Anzahl Releases*: Je höher die Versionsnummer, desto reifer sollte ein Projekt sein. Allerdings folgt jedes Projekt einer anderen Zählweise. Teilweise steckt hinter einer neuen Versionsnummer vor dem Punkt auch eine komplette Neucodierung, die Fehler eines typischen Erst-Releases aufweisen kann.

5) *Veröffentlichungen*: Anwendungsbezogene Bücher, Fallstudien oder Artikel in Fachzeitschriften sind ein guter Indikator für das Potenzial, das in OS-Programmen steckt wie auch für das Interesse an der Software.

6) *Verbreitung bei Endanwendern*: Verbreitung ist bei OSS aus zwei Gründen positiv. Zum einen ist sie ein Indikator dafür, dass Endnutzer die Software als tauglich erachten, zum anderen steigt bei zunehmender Verbreitung auch das Feedback an die Entwickler der Software und damit die Qualität.

7) *Unterstützung durch (kommerzielle) Anbieter*: Hier gilt das gleiche wie für die Verbreitung bei Endanwendern. Außerdem steigen die Möglichkeiten, die OSS mit anderen IT-Komponenten zu verbinden. Das gilt natürlich besonders für Betriebssysteme. Schließlich stehen einem Projekt bei Unterstützung durch kommerzielle IT-Anbieter mehr Ressourcen zur Verfügung, wodurch schnellere und bessere Weiterentwicklungen möglich sind.

8) *Wettbewerb*: Wettbewerbsdruck – auch zwischen OSS-Projekten – erhöht in der Regel die Qualität der Software. Wenn mehrere OSS-Projekte (und konkurrierende technische Ansätze) im Wettbewerb stehen, können aber auch Inkompatibilitäten das Ergebnis sein. Auch besteht die Gefahr, dass letztendlich wenig Erfolg versprechende Projekte eingestellt werden – ganz wie bei rein kommerzieller Software.

9) *Unterstützung von Unternehmensbedürfnissen*: Unternehmen haben andere Bedürfnisse als z.B. Privatpersonen, die in der Software abgebildet werden müssen.

10) *Support und Wartung*: Gerade für die Unternehmensnutzung sind Support und Wartung wesentlich. Dazu zählt Endnutzer-Support und Unterstützung bei der Integration als auch die Pflege der Software.

11) *Lizenz*: Besonders für Unternehmen, die Modifikationen an der OSS vornehmen wollen, werden die Lizenzbedingungen relevant. Je freier die Unternehmen bei diesen Aktivitäten sind, desto besser.

www.ingramcontent.com/pod-product-compliance
Lightning Source LLC
La Vergne TN
LVHW092353060326
832902LV00008B/1010